»Wir haben keine einzige Beere gefunden!«, ruft der Hase aufgeregt.
»Auch nicht im Stechpalmenwäldchen?«, wundert sich der kleine Igel.
»Da waren wir nicht«, sagt der Fuchs.

»Kommt, wir schauen noch mal zusammen dort nach«, schlägt der kleine Igel vor und setzt seine rote Mütze auf.

Bald erreichen die Freunde das Wäldchen. »Merkwürdig«, wundert sich der kleine Igel. »Ich kann nirgendwo Beeren finden. Dabei waren gestern noch so viele da.«
»Hier oben sind ein paar«, ruft der Dachs und pflückt einige kleine Zweige mit roten Beeren ab. »Die können wir mitnehmen.«

M Christina Butler · Tina Macnaughton

# Der kleine Igel und die geheimnisvollen Spuren

CARLSEN

Heute ist Weihnachten und der kleine Igel hat sein Zuhause wunderschön geschmückt. »Jetzt fehlen nur noch meine Freunde mit den frischen Winterbeeren«, denkt er.

Da klopfen der Hase, der Dachs und der Fuchs schon an der Tür.

»Oh weh!«, ruft der Hase erschrocken. »Ich hab unsere Tasche zu Hause vergessen!«
»Das darf nicht wahr sein!«, stöhnt der Fuchs.

»Macht nichts«, sagt der kleine Igel. »Wir sammeln die Beeren einfach in meine Mütze.«

»Jetzt brauchen wir noch Tannenzapfen«, sagt der Fuchs. »Drüben im Nadelwald gibt es ganz viele.«

Fröhlich stapfen die Freunde los. Aber was ist das? »Kein Zapfen weit und breit«, schnaubt der Fuchs.
»Vielleicht sind ja oben im Baumwipfel noch welche«, sagt der kleine Igel.
Schnell bilden die Freunde eine Räuberleiter: Der Dachs nimmt den Fuchs auf die Schultern und der kleine Igel klettert auf den Fuchs.
»Ich hab welche!«, ruft der kleine Igel und wirft dem Hasen ein paar Zapfen zu.

»Sind das alle?«, will der Hase wissen.
Doch der kleine Igel ruft nur:
»Schaut mal! Da drüben auf der Lichtung rennt der Maulwurf aufgeregt herum.«

Sofort laufen die Freunde zum Maulwurf.
»Was hast du denn?«, fragt der Dachs besorgt.
»Mein Schal ist weg!«, wimmert der Maulwurf.
»Dein gelber Lieblingsschal?«, fragt der Hase.
Der Maulwurf nickt. »Ich hab ihn zum Trocknen aufgehängt. Und jetzt ist er verschwunden.«

»Keine Sorge«, tröstet der kleine Igel. »Wir helfen dir suchen.«
Dann schüttelt er die Zweige und Zapfen aus seiner roten Mütze
und setzt sie dem Maulwurf auf den Kopf, damit er nicht so friert.

»Wo kann der Schal nur stecken?«, murmelt der Hase.
»Er kann sich ja nicht in Luft auflösen!«
»Vielleicht hat jemand ihn mitgenommen«, überlegt der Fuchs.
»Aber es ist meiner und ich muss ihn unbedingt wiederhaben«, wimmert der Maulwurf und läuft los. Dabei rutscht ihm die rote Mütze über die Augen, sodass er gar nichts mehr sieht. Er stolpert und fällt hin.

Die Freunde eilen zur Hilfe. »Ich bin in ein Loch gefallen«, keucht der Maulwurf. »Das ist kein Loch«, sagt der Fuchs. »Das ist ein Fußabdruck.«
»Hier sind noch mehr!«, ruft der Hase. »Und rote Winterbeeren liegen auch überall herum.«

»Hm ...«, überlegt der Fuchs.
»Da hat wohl schon vor uns jemand Beeren und Zapfen gesammelt. Und dieser Jemand hat vielleicht auch ...«
»... meinen Schal mitgenommen!«, ruft der Maulwurf dazwischen.
»Auf jeden Fall hat er ziemlich große Füße«, meint der Hase.

»Dann ist er bestimmt groß und stark«, schnieft der Maulwurf. »Und ich bekomme meinen Schal nie, nie wieder.«
»Wir finden deinen Schal«, tröstet der kleine Igel. »Dafür sind Freunde doch da. Kommt, wir folgen den Fußspuren.«

Immer tiefer führt die geheimnisvolle Spur die Tiere in den Wald hinein. »So weit bin ich noch nie gegangen«, denkt der kleine Igel besorgt.

Plötzlich kommen die Freunde zu einer großen, dunklen Höhle.
Vor dem Eingang steht ein *großer* Tisch mit einer *großen* Tasse und einer *großen* Schale.
»Wer daraus wohl isst und trinkt?«, flüstert der Maulwurf und trippelt näher an die Höhle heran.

Die Freunde folgen
ihm vorsichtig. In dem
Moment nähert sich ein
dumpfes Stampfen aus der Höhle.
»Da kommt jemand«, sagt der Dachs.
»Wir sollten lieber …

… verschwinden!«

»Hilfe!«, quiekt der Maulwurf. Die rote Mütze ist ihm schon wieder über die Augen gerutscht und er fällt genau vor den Höhleneingang. »Neiiin!«, schreit der kleine Igel entsetzt auf.

Im selben Augenblickt stapft eine große, braune …

## … BÄRIN

aus der Höhle. Und ein kleiner
Bär tapst hinter ihr drein.
Der kleine Igel und seine
Freunde sind starr vor Schreck.
Nur der Maulwurf lugt
vorsichtig unter der roten
Mütze hervor.

»Hey!«, ruft er dem kleinen Bären zu. »Das ist mein Schal!«

»Oh, der Schal gehört dir?«, brummt die Bärenmama. »Mein kleiner Bär hat ihn vorhin im Wald gefunden.« »Tut mir leid«, schnieft der kleine Bär. »Er lag im Wald herum, und weil mir so kalt war, habe ich ihn umgebunden. Hier hast du ihn wieder.«

»Wir wollten zum ersten Mal Weihnachten feiern«, erzählt der kleine Bär. »Und da habe ich ganz viele Beeren und Zapfen gesammelt. Aber irgendetwas fehlt uns noch für ein schönes Weihnachtsfest.«

»Ich weiß auch schon, was!«, lacht der kleine Igel. »Zu Weihnachten gehören Freunde! Kommt doch mit zu uns, dann feiern wir alle zusammen.«

Mit vielen Winterbeerenzweigen und Tannenzapfen bepackt machen sich die Tiere auf den Weg.

Beim kleinen Igel wird es richtig gemütlich. Und der kleine Bär bekommt sogar noch eine besondere Überraschung. Der kleine Igel reicht ihm seine rote Mütze und sagt: »Ich schenke sie dir. Mir ist sie jetzt bestimmt zu groß geworden.«
»Dann muss ich dir wohl eine neue stricken«, lacht der Dachs.
Der kleine Igel strahlt und sagt: »So finde ich Weihnachten richtig schön: Freunde haben, füreinander da sein und alles miteinander teilen. Fröhliche Weihnachten!«
»Fröhliche Weihnachten!«, rufen alle.